A caravana da ilusão

DRAMATURGIA DE SEMPRE
Diretor de coleção: Alcione Araújo

1 – *A caravana da ilusão*, Alcione Araújo
2 – *Os dous ou O inglês maquinista*, Martins Pena

Alcione Araújo

A caravana da ilusão

CIVILIZAÇÃO BRASILEIRA

Rio de Janeiro
2000

COPYRIGHT © Alcione Araújo, 2000

CAPA
Evelyn Grumach

PROJETO GRÁFICO
Evelyn Grumach e João de Souza Leite

PREPARAÇÃO DE ORIGINAIS
Gustavo Ramos Inúbia

EDITORAÇÃO ELETRÔNICA
Art Line

CIP-BRASIL. CATALOGAÇÃO-NA-FONTE
SINDICATO NACIONAL DOS EDITORES DE LIVROS, RJ

A687c
Araújo, Alcione
A caravana da ilusão: delírio em um ato / Alcione Araújo.
— Rio de Janeiro: Civilização Brasileira, 2000
. — (Dramaturgia de sempre)

1. Teatro brasileiro (Literatura). I. Título. II. Série.

00-0417

CDD 869.92
CDU 869.0(81)-2

Todos os direitos reservados. Proibida a reprodução, armazenamento ou transmissão de partes deste livro, através de quaisquer meios, sem prévia autorização por escrito.

Direitos desta edição adquiridos pela BCD União de Editoras S.A.
Av. Rio Branco, 99 / 20º andar, 20040-004, Rio de Janeiro, RJ, Brasil
Telefone (21) 263-2082, Fax / Vendas (21) 263-4606

PEDIDOS PELO REEMBOLSO POSTAL
Caixa Postal 23.052, Rio de Janeiro, RJ, 20922-970

Impresso no Brasil
2000

Sumário

Apresentação *7*
A ilusão da caravana *9*
A caravana da ilusão *13*

Apresentação

Com a presente coleção **Dramaturgia de Sempre**, a Editora Civilização Brasileira reafirma, mais uma vez, seu histórico reconhecimento do teatro como genuína manifestação cultural de um povo. É a nossa resposta, no plano editorial, ao sensível crescimento do interesse pela atividade teatral no país, sobretudo entre jovens e estudantes.

Numa avaliação ligeira esse fato poderia ser atribuído à indução da televisão. Porém, pesquisas recentes constataram expressiva demanda pelo acesso a peças teatrais da parte de professores de primeiro, segundo e terceiro graus.

Dramaturgia de Sempre é uma coleção voltada para esse público: atenta ao valor cultural das peças que publica, interessada em assegurar a compreensão do autor e sua obra, e preocupada em manter acessíveis os preços de capa, sem prejuízo do tratamento gráfico.

Pela sua própria natureza, a experiência teatral pode proporcionar um enriquecedor processo pedagógico-existencial. Estimula em cada participante a criatividade, a disponibilidade à sensibilização, o exercício da compreensão intelectual e da capacidade de reflexão; da perspicácia na observação das pessoas, do controle emocional; da superação da inibição, da valorização da auto-estima; da prática da convivência em grupo e do trabalho em equipe. Muito além de um espetáculo sobre o palco — e a alegria da criação pessoal em harmonia com o coletivo — o resultado no íntimo de cada um é uma compreensão maior da condição humana e das circunstâncias que a determinam.

E tudo começa com a emoção da leitura da peça e a compreensão da sua dramaturgia. Este é o primeiro gesto, o primeiro ato. Só mais tarde, com o processo em andamento, é que as tendências individuais se manifestam. Surgem diretores, atrizes, atores, cenógrafos, iluminadores, compositores, musicistas, figurinistas, aderecistas, maquiadores, costureiras etc. Mas o texto, como esse que ora se publica, é a origem de tudo.

Pela importância fundamental da dramaturgia, e para facilitar a compreensão, cada peça é precedida de uma apresentação sobre o autor e seu tempo, sobre a obra e seu contexto.

A Ilusão da Caravana

Alcione Araújo

A ética, a discrição, a modéstia e a tradição — entre outros saudáveis princípios — recomendam que um escritor não publique obra de sua autoria em coleção editorial que dirija; assim como não deve fazer a apresentação do próprio trabalho. Pois é de minha autoria esta primeira peça da coleção Dramaturgia de Sempre. E, se não bastasse, assino esta apresentação. Estaria conspurcando a ética, a discrição, a modéstia, a tradição — entre outros saudáveis princípios? Estou certo de que não, apesar da aparência. Espero que consiga explicar por quê.

Escrevo há mais de vinte e cinco anos. Peças de teatro, roteiros de cinema, telenovelas e séries para a televisão, romances e ensaios. Fui professor de autores, diretores e atores, participei da fundação de cursos e escolas de teatro. Também já fui diretor. Hoje me dedico exclusivamente a escrever.

Reduzir o quanto possa a esquizofrênica distância entre educação e cultura é uma urgência nacional e obsessão pessoal. Não poupo da contaminação com essa idéia nem os que me cercam. O debate sobre cultura no Brasil está prejudicado pela baixa escolaridade. A continuar nessa marcha, em pouco tempo, a cultura — literatura, música, teatro, cinema, dança, artes visuais etc. — será um luxo elitista, inacessível à maioria. Professores e estudantes têm tentado se antecipar, empenhando-se em soluções imaginosas e criativas para vencer as dificuldades. A demanda escolar por peças teatrais, por exemplo, tem sido confirmada por pesquisas em alguns estados. A nossa intenção é facilitar o acesso de estudantes e professores aos textos teatrais. Este é o objetivo da coleção Dramaturgia de Sempre.

Embora *A caravana da ilusão* esteja publicada, pela Editora Civilização Brasileira, no Vol. III da minha obra teatral, foi a peça escolhida, pela própria Editora, para abrir a coleção. Suas características narrativas e a utilização em algumas escolas influenciaram a escolha. A idéia da publicação de um volume para cada peça, sem luxo nem requintes gráficos, porém tecnicamente bem editado, visa a, sobretudo, minimizar os custos a fim de alcançar as salas de aula — de qualquer grau, qualquer nível e qualquer lugar do país.

É sensato que aquele que faz a apresentação mantenha um cauteloso distanciamento da obra. Ainda que, como nesse caso, a apresentação não tenha a ambição de avaliação crítica, paira o risco de que o cabotinismo trombeteie uma visão complacente. Para evitar os riscos de conspurcar saudáveis princípios, vou me manter nos limites da informação substantiva sobre a gênese e as características da peça.

A caravana da ilusão é a minha nona peça e foi concluída em novembro de 81. O tema, a estrutura da narrativa, as personagens e os diálogos são completamente diferentes das minhas demais peças, dando-lhe uma singularidade radical. O impulso de escrevê-la surgiu de uma longa contemplação — dias, meses, anos de deslumbramento — da série de quadros de Pablo Picasso sobre a temática circense, intitulada *Saltimbancos*, pelo próprio pintor. A pobreza, a melancolia e a delicadeza que os quadros transpiram me comovem. Há algo fatalista, inexorável na tristeza do olhar daqueles artistas. Parece que não vão suportar por mais tempo a indiferença e o abandono. E, em breve, vão desistir do que fazem. Talvez, sem o saber, Picasso tenha prenunciado o desaparecimento daquela gente.

Olhando-os longamente, imaginei o que seria, para um grupo de artistas, músicos, bailarinos e atores, saltimbancos e andarilhos, a ausência do velho e experimentado líder, que conhecia os caminhos, sabia interpretar a direção do vento e a posição das estrelas, sabia evitar os perigos e contornar as ameaças. Sua falta instalaria imediatamente a dúvida nos demais. E, com a dúvida, o medo. Com a dúvida, a ameaça da desagregação. E não há ameaça maior para uma atividade grupal do que a desagregação. Significa o fim de sua arte, o extermínio da trupe.

O que fazer para manter unido o grupo diante das incertezas que os atormentam a cada bifurcação do caminho? Por onde ir, que rumo tomar? Como manter o grupo unido diante das ameaças de seres misteriosos que irrompem na escuridão da noite deserta e instalam a discórdia? Como manter o grupo unido diante do desejo que salta do seu repouso no coração de cada um?

Poética e não realista, a peça tem longas rubricas que, em lugar de informações objetivas sobre a ação, sugerem climas de tensão, apreensão e mistério. Ao longo da narrativa, mudos falam, cavalos voam, uma cigana estéril arrebata o coração dos irmãos, irrompem paixões impressentidas e avassaladoras, há nascimento e morte, instauram-se disputas, desenlaces e despedidas. A caravana anda em círculo, a ação dramática é circular e a terra é redonda. É infinito o caminho a percorrer. Como infinitos são os caminhos da arte, da criação e da vida.

A caravana da ilusão
[Delírio em um ato]

Para Qorpo Santo, Nelson Rodrigues e Glauber Rocha, que me ensinaram a liberdade do delírio.
Para Pablo Picasso, louco genial, que sobre uma tela pintou esses personagens.
Para Vera, Eid, Grassy, Gilberto e Mabel, que trazem no coração os caminhos do mar e da montanha.

"A arte é indispensável.
Se ao menos soubéssemos para quê!"

JEAN COCTEAU

Personagens

BUFO
LORDE
BELA
ZIGA
ROTO

Cenário

Descampado absolutamente deserto. Esparsa vegetação ressequida pelo sol, destacando-se um esquálido arbusto. Um caminho se divide inesperadamente em dois, sem avisos ou indicações. Nessas encruzilhadas, de maus presságios, dúvidas, indecisões e desenlaces, o ar está sempre parado. Consta que até mesmo o vento as evita, temendo dividir suas forças. Os místicos acreditam que, em qualquer encruzilhada, um dos caminhos leva à virtude e o outro à perdição, um ao céu e outro ao inferno, um à felicidade e o outro à desgraça, um ao apocalipse e o outro à salvação. Os práticos concluem apressadamente que dois caminhos distintos só podem levar a lugares distintos; enquanto os esperançosos suspeitam sempre que se pode chegar ao mesmo lugar por diferentes caminhos.

Ato Único

É o fim de um dia. Vindo da esquerda surge BUFO *em passos lentos. Pára, súbito, olhando assustado para os caminhos à sua frente. Olha para um lado. Olha para o outro. Está visivelmente indeciso. Logo surgem, vindos do mesmo lugar,* LORDE *e* BELA. *Ele a ampara docemente com a mão sobre o ombro.* BELA *está triste e abatida. Ao perceberem que* BUFO *parou mais adiante,* BELA *e* LORDE *também param e ela repousa a cabeça em seu peito. Indeciso diante da surpresa que o atormenta,* BUFO *vira-se para trás.*

BUFO
E agora?

BELA e LORDE o olham em silêncio, sem entender a razão da interrupção e sem ter o que responder. Durante esse momento de silêncio, e vindo do mesmo lugar dos demais, surge ROTO, o último membro do cortejo. É um pobre diabo, deformado, horroroso, carregando às costas um enorme saco. Distraído, sopra uma música delicada em sua inseparável gaita.
Ao se aproximar, os outros o olham com reprovação.
Ele vai silenciando lentamente a sua gaita.
Está em cena a caravana da ilusão. São quatro figuras exauridas pelo cansaço das longas caminhadas, abatidas pela tristeza que a morte recente do velho Bufão lhes deixou no coração; melancólicas pela nobreza envelhecida, envilecida e esfarrapada de suas roupas de cores, outrora fortes, mas agora pálidas e que, apesar disso, conservam a altivez nas atitudes e a intensidade nos

sentimentos, movidos, quem sabe, pela fé e a esperança que lhes vêm no sangue desde tempos imemoriais.
BUFO usa roupa inteiriça, cobrindo a enorme barriga postiça, puída nos joelhos e cotovelos. Em outros tempos foi vermelha. Algo como um nobre e rendado colarinho salta-lhe à altura do pescoço. Usa um barrete vermelho, cuja ponta, resultado de alguma misteriosa armação, ergue-se tortuosa, mas não cai sobre as costas. Leva um pequeno saco apoiado sobre o ombro, cuja boca ele retém com a mão, à altura do peito. LORDE se veste quase como um Arlequim, com losangos irregulares e de cores desmaiadas na roupa muito justa. O uso secular esgarçou o tecido nas articulações, deixando-o quase transparente.
Enrolado ao pescoço tem sempre um cachecol, improvisado com um velho trapo, rosa desmaiado.
BELA veste-se como uma triste bailarina. Roto saiote rosa, manchado, desbotado e sujo, e um corpete marrom, que a deixa mais esguia e talvez mais elegante, embora seja muito mais justo que o desejável para quem, supostamente, vai dançar. Seus cabelos são revirados de trás para a frente, formando um pequeno tufo, cuidadosamente armado, meio para um lado da cabeça.
ROTO é o mais esmulambado da caravana. Uma calça roxa que lhe deixa as canelas à mostra e um paletozinho cintado que certamente pertenceu a alguém menor que ele, num azul-claro que a sujeira e o tempo vêm dando novos e sombrios matizes. Um lenço avermelhado sobre os ombros, tem as pontas pendentes dos dois lados do peito nu, pois não há camisa sob o paletozinho.
Todos usam velhas e gastas sapatilhas de couro cru, exceto BELA, que as tem em rosa pálido, mais delicada, porém, mais surrada. Sem resposta para a sua pergunta, BUFO tenta esclarecer aos de trás o que se passa, como quem pede auxílio.

       BUFO
O caminho se bifurca...

       LORDE
Não entendi.

BUFO
Chegamos a uma encruzilhada. Por onde seguir?

A questão tem mais significado do que aparenta. Todos se assustam, como se nunca tivessem sido colocados diante de tal situação. Um crescente mal-estar vai tomando conta de BUFO. Nos outros, são a decepção e o cansaço que assomam. ROTO põe o saco no chão e senta-se sobre ele, como se antevisse uma longa discussão. A pergunta fica no ar, sem resposta. BUFO tenta, olhando ao longe, descobrir para onde levam um e outro caminho. Seu esforço parece inútil. Volta-se humildemente.

BUFO
E então, Lorde? Qual dos dois caminhos seguimos?

LORDE
Pergunte, então, qual dos três...?

Todos encaram LORDE como se ele tivesse profanado velhos dogmas. BUFO se aproxima ofendido e sem entender. LORDE tenta, com humildade, explicar-se.

LORDE
...Há também o caminho de volta.

A afirmação, aparentemente óbvia, revolve sentimentos profundos em toda a trupe. BUFO controla explosivas energias enquanto encara ameaçadoramente LORDE.

BUFO
O que está acontecendo com você, Lorde? É a segunda vez que fala em voltar! Agora, e logo depois do enterro. O que significa isso, Lorde? Está querendo desafiar o destino? Já não basta a morte do pai? Quer atrair sobre nós a terrível maldição? Você sempre soube que, para gente como nós, não há volta nem retorno!

Um silêncio aterrador toma conta de tudo. LORDE *abaixa a cabeça.* BELA *está visivelmente ansiosa com o clima ameaçador. Sentado sobre o saco,* ROTO *cobre os olhos, amedrontado.* BUFO *olha para trás, para o caminho que já percorreu. Depois, vira-se mais calmo, para* LORDE.

BUFO
Para trás, já conhecemos tudo. Temos que ir para frente, mano.

LORDE
Agora que o pai se foi, Bufo, você é o guia. Por herança, por tradição e por direito. Eu concordo, aceito e respeito. Eu o amo, como um irmão deve amar o irmão. Mas não quero esconder os temores que me apertam o coração. Você fala em nossas tradições, mas as nossas tradições não previam que um dia iríamos desaparecer.

BELA
Por Deus, Lorde!

LORDE
Bela, minha querida Bela, hoje, minha irmãzinha, nossa gente somos apenas nós, e agora, desfalcada do pai. Talvez uns poucos mais, espalhados e perdidos por esse mundo. Para a nossa própria sobrevivência, como os últimos dessa raça, talvez as nossas tradições nem devam ser preservadas.

BUFO
Cale-se, Lorde!

LORDE
Perdão, se os ofendo. Mas, se a terra é redonda, como disse aquele velho na última feira, que diferença faz se andamos para lá ou para cá? Em qualquer direção que formos, estaremos girando, e passaremos sempre pelos mesmos lugares.

BUFO
Você fala pelo prazer que lhe dá o som das palavras. No fundo, você é um músico, Lorde, deveria estar ao lado de Roto, acompanhando a gaita com o ritmo de suas palavras.

Só agora BUFO *percebe o estado de profundo abatimento em que mergulhou* BELA. *Afetuosamente, retira a irmã do peito de* LORDE, *onde ela, assustada com o que ouvia, se aninhara.* BUFO *a abraça ternamente.*

BUFO
Bela, minha irmãzinha Bela. Temos que nos habituar à idéia de que somos um a menos.

BELA
Hoje o meu coração ficou despedaçado para sempre.

BUFO
Vamos, Roto, toque alguma coisa para nos alegrar.

Obediente, ROTO *pega a gaita, mas toca uma música profundamente triste.*

BUFO
O pai está feliz onde está. Teve um belo caixão feito de madeira fresca e uma cova bem funda. Queria ser enterrado nu como nascera e nós atendemos o seu último desejo. Onde está, está feliz. Temos que nos conformar. Ninguém pode viver eternamente.

BELA *abre velhos trapos de roupas coloridas, que trazia apertados contra o peito.*

BELA
É uma coisa muito triste que um homem, que trazia tanta bondade no coração e tanta sabedoria no espírito, deixa atrás de si apenas os trapos de sua única roupa.

Ela volta a esmagar os trapos e leva-os ao nariz, cheirando-os com sofreguidão.

LORDE
...E três filhos, acompanhados de um músico mudo, todos comprometidos, sob juramento, em manter eternamente a tra-

dição de miseráveis saltimbancos, poetas, cantores, mágicos e malabaristas!

BELA
Lorde, por favor!

LORDE
Vivemos como os loucos e os leprosos, palmilhando caminhos empoeirados, como se tivéssemos fogo na sola dos pés.

BUFO
Esse fogo não está na sola dos pés, mas no coração, mano.

LORDE
Eu começo a me perguntar: por que fazemos isto? Por que somos isto? Que sentido há em ser o que somos?

BUFO
Nada tem sentido. Somos porque somos. E isso é tudo o que podemos saber.

BELA
Uma noite o pai me disse que, quando eu era bebê, ele se distraiu comigo no colo e eu engoli uma estrela cadente. Minha vida seria rodar o mundo e encantar as pessoas, dizia o pai.

BUFO *acaricia os cabelos de* BELA. *Eles sorriem.*

LORDE
Amei cegamente o pai, mas ele foi impiedoso em nos exigir tanto! O isolamento, o anonimato, as necessidades, tudo para manter vivo um sonho louco!

BUFO
Agora, cale-se!

BELA *estende os trapos sobre um esquálido arbusto, como se fosse uma esfrangalhada bandeira.*

BELA
Quero que o vento leve o cheiro do seu suor e espalhe sua energia pelo mundo.

BUFO faz um sinal a ROTO, que interrompe a música.

BUFO
O pai dizia: o homem é o único animal que sonha. E que pode realizar os seus sonhos. E, entre os homens, nós fomos destinados a isso: a criar sonhos e morrer de ilusão...

BELA aproxima-se de LORDE e dá-lhe um beijo em cada face.

BELA
É o que o pai sempre dizia... e é o que eu acho.

Silêncio. LORDE olha fixamente para BELA e parece encontrar naquele olhar a energia e a coragem que por um momento lhe escaparam.

LORDE
Está bem... então, vamos!

Todos se reanimam. Volta a alegria. ROTO ergue o saco às costas e trauteia sua gaita.

BELA
Vamos! Vamos andar!

BUFO
Vamos com Deus!

Em meio ao entusiasmo da partida, LORDE, súbito, pára e fica sério.

LORDE
Mas vamos... para onde?

Silêncio perplexo. BUFO *fica preocupado como se entendesse o que* LORDE *está realmente perguntando.* BELA, *depois de um momento atônita, fala com o ímpeto de uma descoberta.*

BELA
Vamos para adiante, ora!

Silêncio. LORDE *a encara.*

LORDE
Mas por qual dos caminhos?

Silêncio. Agora, a dúvida está em todos. BUFO *não sabe o que dizer. Na verdade, nem tem o que dizer. Paciente,* ROTO *repõe o saco no chão.*

LORDE
Isso nunca aconteceu antes, porque o pai sabia o caminho e nós nem imaginávamos que poderia haver outro... ou outros.

BUFO
Tem razão, Lorde. A inexperiência me traiu.

BELA
O que não pode acontecer — por Deus que não! Nunca! — é seguirmos caminhos diferentes! Será o fim do que o pai sonhou! Será o nosso fim! Será o fim de tudo! E essa dúvida é um mau presságio. A dúvida é o princípio do inferno.

Silêncio. BUFO *pensa.* LORDE *também pensa.*

BUFO
É mais fácil ser guiado do que guiar. Essa função me incomoda.

BUFO vai até mais adiante, perscrutando bem os caminhos.

BUFO
Parece que um caminho leva ao mar e outro à montanha. O que prefere, Bela?

BELA
O mar, Bufo! Quero engolir a brisa salgada que vem do mar!

BUFO
Lorde.

LORDE
As montanhas! E que sejam altas!

BUFO
Roto.

ROTO aponta um dos caminhos.

BUFO
Você também acha que por ali se chega ao mar?

ROTO confirma alegremente.

BUFO
Eu quero a montanha. E, por Deus, vamos sair logo daqui! Vamos todos para a montanha!

Mais uma vez, todos se reanimam. ROTO volta a pôr o saco nas costas. LORDE também se movimenta.

BELA
Que seja para a montanha! Mas vamos logo!

Mais uma vez, em meio ao movimento de partida, LORDE volta a se imobilizar, preocupado.

LORDE
Bufo!

Todos se imobilizam e silenciam. BUFO *volta-se em direção a* LORDE. *Todos se entreolham e refazem, mentalmente, a contagem dos votos, confirmando, com desânimo, o empate e o impasse. Silêncio angustiado e constrangedor. De repente,* BELA *grita, com o mesmo ímpeto de uma descoberta.*

BELA
Então, iremos para onde soprar o vento!

Sem pensar muito, BUFO *molha o dedo na língua e o ergue. Um tempo de silenciosa expectativa, até a constatação melancólica.*

BUFO
Não há vento.

Silêncio. BUFO *vacila. Todos aguardam. Por fim anuncia.*

BUFO
Vamos ficar por aqui. Ajeite-se, Roto.

ROTO *repõe o saco no chão. Silêncio.*

BUFO
Até que algum sinal nos indique o caminho.

Mais um tempo de silêncio e BUFO *recompõe-se, afinal satisfeito com a própria decisão.*

BUFO
E vamos comer, que tenho fome!

ROTO *abre o enorme saco e, de dentro, vai retirando uma infinidade de objetos, de todas as espécies, tipos, tamanhos, cores, finalidades... Aos poucos, percebe-se que no misterioso saco repousam trapos, frangalhos, fiapos e pedaços fantásticos da memória milenar dessa gente sem eira nem beira. Resgatá-los*

daquele sepulcro ambulante é um ritual mágico no qual surgem, milagrosa e misticamente, o pão e o vinho. Guardião silencioso desse tesouro e sacerdote único dessa celebração, ROTO não foge à grave responsabilidade, mas aceita alegre o oferecimento de auxílio de BELA, que se aproxima. E surgem pesadas canecas, onde se serve o vinho e que são, depois, distribuídas.
Um grande pão passa de mão em mão após cada gulosa e saudável abocanhada. E, enquanto comem e bebem, todos cantam, exceto ROTO, que acompanha, com a sua gaita.
BELA dança entre os homens, tomando a si a função de oferecer a cada um o enorme pão para a mordida.

TODOS
(Cantando) Muito riso, pouco siso
Diz o velho ditado
Se com o siso não mordo o pão
Que seja logo arrancado.
Se no vinho está a verdade
No caminho do vento, a liberdade
Se andarilho enche o bucho,
O resto é luxo.
Por isso eu quero é:
Morder o pão, me encharcar no vinho,
Abraçar-me ao vento, viver no caminho.
E quando vai-se o sol e rompe a lua
Só vejo alegria na noite e na rua!

...E a noite desce suave sobre a alegria da trupe. Mas, por mais suave, a noite é sempre traiçoeira. Dizem os místicos que é à noite que os espíritos do mal ganham a liberdade para passear sobre o mundo e azarar os vivos.
É a hora dos grandes pressentimentos, dos sustos e sobressaltos, quando pia a coruja e voejam os morcegos, quando preparam-se armadilhas e emboscadas, quando se tramam as grandes traições e, nas encruzilhadas, paira no ar a maldição. Fantasmas e seres

sinistros de outros mundos rondam na obscuridade. Os mortais vivificam em seus sonhos os monstros que esconden a sete chaves na luz do dia. A noite guarda mistérios insondáveis sob o escuro tecido do seu manto. E nesse momento, em meio à alegria da trupe, a noite aborta uma estranha figura, coberta por negro manto e rosto monstruoso. Cavalga célere um branco cavalo alado, que bordeja e rodopia em torno da caravana, perplexo e amedrontado. A música silencia e os ruídos surdos das asas do animal ecoam pelo deserto sombrio. Todos estão sobressaltados e na defensiva. BELA procura a proteção de LORDE e esconde os olhos daquela visão.

BUFO
Quem vem lá, visão esquisita!

Resfolegante, o cavalo relincha, rodopia e empina com a silenciosa figura. ROTO se arma com um porrete.

BUFO
Responde, espírito das trevas! Por quem sois?

O cavalo vai se acalmando, mantendo ainda um trote ágil, mas tranqüilo.

LORDE
Por aqui os ladrões usam máscaras, Bufo.

BUFO
O que quer de nós, coisa esquisita?

Silêncio. O cavalo pára. A figura desmonta.

LORDE
Cuidado, Bufo!

A figura vem se aproximando. BUFO se assusta.

BUFO
Fica onde está.

A figura pára. Bate a mão carinhosamente no cavalo, que desaparece na escuridão.

BUFO
Mantenha-se à distância. Não temos nada que lhe possa servir... a não ser que queira restos de pão e um pouco de vinho...

A figura avança em direção ao grupo.

BUFO
...Se é carne o que quer, só temos ossos, mas lutaremos para não os perder... Recua! Recua!

Calmamente a figura lança para trás o capuz do manto negro e retira a máscara monstruosa. É uma mulher, misteriosamente bela, de cabelos longos e negros, enfeitados por fitas de cores pálidas e por moedas enegrecidas.

ZIGA
Não sou um inimigo. Uso disfarces para proteger-me dos bandidos que vagam por estas paragens. Sou apenas uma cigana, amaldiçoada e banida... chamam-me Ziga... e tenho fome.

Silêncio. Diante da sinceridade e da fragilidade de ZIGA, a trupe muda seu estado de ânimo.

BUFO
Venha... teve sorte: temos pão e vinho. Sirva-a, Roto.

ZIGA avança alguns passos, olhando detidamente para cada um do grupo. Vai retirando lentamente o manto negro, revelando uma mulher ainda jovem e sensual. Saia longa, que foi vermelha, suja, rasgada e envelhecida. Os seios quase à mostra sob a blusa justa e já esfiapada. Pulseiras, brincos e colares de metal pobre, enegrecido e esverdeado pelo tempo. Tanto BUFO quanto LORDE a olham fascinados, fixamente, magnetizados.

       LORDE
E o seu cavalo?

       ZIGA
Virá quando eu chamar.

BELA, *que fora ajudar* ROTO, *entrega a* ZIGA *o pão e uma caneca de vinho. Ela come e bebe em silêncio, sob o olhar atento de todos, particularmente de* BUFO *e* LORDE.

       ZIGA
Não havia música por aqui?

       BUFO
Toque, Roto, alguma coisa para a...

       ZIGA
...Ziga.

ROTO *toca uma música estranha. Ela come e bebe em silêncio.*

       LORDE
De onde vem você?

       ZIGA
De lá.

       LORDE
E para onde vai?

       ZIGA
Para lá.

BUFO
E o caminho por onde veio, leva ao mar ou à montanha?

ZIGA
Primeiro ao mar, depois à montanha, adiante ao mar, depois à montanha...

BELA *serve-lhe mais vinho.*

LORDE
Não há cidades grandes?

ZIGA *o olha por um tempo, sem responder.*

ZIGA
E vocês, o que fazem por aqui?

BUFO
Somos artistas... estamos de passagem...

ZIGA
Ah, artistas!

ZIGA *levanta-se e os olha atentamente.*

ZIGA
Então, vocês existem mesmo, de verdade! Ouvia falar de vocês, quando era criança... mas nunca pensei que... fazem canções, não é assim?

BUFO
Não apenas canções... vamos às feiras. E...

ZIGA
Lêem mãos, adivinham o futuro!

BUFO
Não! Nada de futuro! Mal respeitamos o pouco que sabemos do nosso passado...

ZIGA
Ninguém mais quer saber do passado, e sim do futuro. Agora, vocês têm bom pão e ótimo vinho, mas amanhã, o que acontecerá?

Silêncio.

ZIGA
Quem responder terá direito à felicidade.

ZIGA *ri diabolicamente,* LORDE *faz sinal a* ROTO *para interromper a música.* ZIGA *pára de rir e encara fixamente* LORDE.

ZIGA
O que quer saber da cidade?

LORDE
Tudo.

ZIGA
Nunca foi a uma cidade?

LORDE
Já estive perto, numa feira que...

ZIGA
Não vá.

LORDE
Por quê?

ZIGA
Na cidade, os homens tornaram-se ratos esfomeados e vão devorar uns aos outros e, antes que em qualquer outro lugar, as cidades vão arder nas chamas do apocalipse.

Silêncio. Todos meditam preocupados.

BUFO
E por lá, não há artistas?

ZIGA
Nada sei sobre artistas... mas não me lembro de ter visto nada parecido com vocês... só vi que as últimas pessoas vivas eram os contestadores...

LORDE
Você é bela, atraente e misteriosa como a lua, mas fala com rancor, e cavalga mascarada como os foragidos, e bebe como os que têm muita sede, e se diz banida e amaldiçoada... Não terá sido, por algum motivo grave, banida da cidade?

ZIGA fica séria e olha prolongadamente para LORDE, que se inquieta.

ZIGA
Não sei se respondo às suas palavras ou ao seu coração, mas o que posso dizer é que não tenho rancor dos ratos da cidade, tenho piedade deles. Afinal, eles fizeram o que achavam que devia ser feito. Banida sou, como o meu povo, condenado à vida errante, em eterna penitência por ter negado hospedagem à Virgem Maria, quando da fuga para o Egito.

Depois de uma pausa reflexiva, ZIGA torna-se alegre.

ZIGA
Mas, para compensar, nascemos sem o pecado original: viemos de Adão, mas não de Eva, e sim de sua primeira mulher. Por isso, não fomos castigados com o trabalho eterno, como o restante dos homens.

BUFO
Então, o trabalho é um castigo?

ZIGA
Não é o que dizem?

BUFO
Não entre nós.

ZIGA
Quer dizer que seu trabalho é fonte de prazer?

BUFO
Muito, muito prazer.

ZIGA
Vocês não têm religião?

BUFO
Sim... a arte.

ZIGA
Mas afinal, que espécie de gente são vocês?

BUFO
De certa forma, somos também banidos, mas não vemos o trabalho como um castigo, e sim como um privilégio inevitável. Nossos antepassados diziam que somos feitos da mesma matéria de que são feitos os sonhos. Existimos porque alguém nos sonha. Agora, por exemplo, no sonho desse alguém, eu digo estas palavras e faço estes movimentos... Diziam também que somos hóspedes das grandes fantasias noturnas dos homens, tão intensas que nos tornaram visíveis àqueles que estão acordados... Mas diziam, e isso me parece terrível, que, quando quem nos sonha acordar, nós desapareceremos...

ZIGA
Um dia desapareceremos todos. Com sonhos ou sem sonhos. Será a destruição total, absoluta, completa, que não deixará o menor vestígio do homem sobre a terra. Olha com atenção à sua volta e verá que o fim dos tempos já começou.

ZIGA *acaba de comer. Timidamente,* BELA *se aproxima e pega o resto do pão. Depois, lutando para vencer a timidez, estende-lhe a mão.*

BELA
Por favor, fala do meu destino.

ZIGA *afasta a mão de* BELA *com firmeza.*

ZIGA
Não! Sou agradecida a vocês, por isso não quero saber o que acontecerá amanhã. E acho melhor que vocês também não saibam. Não é má vontade, meu bem. Eu própria nunca olhei para a palma da minha mão.

ZIGA *acaricia os cabelos e o rosto de* BELA. *Percebe o silencioso mal-estar que causou e tenta mudar o rumo da conversa e o clima do ambiente.*

ZIGA
Quando estou feliz, gosto de dançar. Toque alguma coisa, irmão, que dançarei para vocês.

ROTO *toca.* BELA *o acompanha.* ZIGA *dança insinuantemente entre os homens, durante algum tempo. Tanto* LORDE *quanto* BUFO *estão cada vez mais fascinados, envolvidos, enfeitiçados.* BELA *e* ROTO *também começam a dançar. Súbito,* ZIGA *pára de dançar, como se tivesse sido assaltada por negros pressentimentos, num clima intenso, que prenuncia a tragédia. A música silencia.* ZIGA *abaixa a cabeça e um tremor de repulsa perpassa-lhe o corpo. Em silêncio, ergue a cabeça e olha prolongadamente para* BUFO *e depois para* LORDE.

ZIGA
Adeus.

Todos ficam atônitos e, por um instante, paralisados, sem compreender.

BUFO

Mas... por quê?

Sem responder, ZIGA olha para BUFO, depois para LORDE.

ZIGA

Aconteceu!

Ela pega o manto negro, veste-o e repõe a máscara monstruosa no rosto. De um lado e outro de ZIGA, BUFO e LORDE se aproximam quase ao mesmo tempo. Ela se vira para BUFO.

ZIGA

Você me deseja.

BUFO

Muito.

Ela se vira para LORDE.

ZIGA

Você me deseja.

LORDE

Muito.

ZIGA se afasta dos dois, deixando-os frente a frente, cara a cara, olho no olho. Vai até BELA e beija-lhe a testa.

ZIGA

Adeus.

Vai até ROTO e olha-o demoradamente.

ZIGA
Desejo que encontre depressa a sua voz, rapaz.

ZIGA *vai se afastando,* LORDE, *ainda preso ao olhar de* BUFO, *grita-lhe.*

LORDE
Ziga!

ZIGA *pára, sem se voltar.*

LORDE
Fique!

ZIGA
Não, eu vou!

LORDE
Não, vou eu!

BUFO
Não, Lorde!

LORDE
Quero partir!

BELA
Lorde!

BUFO
Fique com ela!

LORDE
Você a merece mais do que eu.

Silêncio. BUFO *não sabe como enfrentar a situação.*

BUFO
Ziga... desculpa... mas é melhor que se vá... adeus.

ZIGA *vai saindo.* LORDE *se antecipa e a retém pelo braço.*

LORDE
Você a ama, Bufo. Eu vi no brilho dos seus olhos e nas pancadas do seu coração. Você é bom e generoso. Merece a mulher que deseja... e precisamos nos multiplicar.

ZIGA
Maldição!

BUFO
Você também a quer.

LORDE
Sim, quero... mas prefiro conhecer mundos novos e partir quando alguém pode ocupar o meu lugar no coração de todos.

Silêncio. LORDE, *segurando* ZIGA, *aguarda a decisão de* BUFO.

BUFO
Nós o amamos, Lorde, você bem o sabe. E o nosso amor resistirá à separação. Se é o seu sonho, o seu desejo, se estará mais feliz na cidade, vá... e seja forte! Não tema a maldição dos nossos antepassados, que ameaça com punição os que se rendem.

BELA *pega os trapos do falecido pai, que estavam estendidos no arbusto e os põe sobre os ombros de* LORDE.
Depois, abraça-o e beija-o nas duas faces.

BELA
Que o espírito do pai o acompanhe.

LORDE *vai até* ROTO *e o abraça.*

LORDE
Toque! Toque para aliviar esta dor...

ROTO *toca*. LORDE *vai agora até* BUFO *e se abraçam apertada e demoradamente. Depois se beijam nas duas faces.*

BELA
Bufo, diga-lhe: "Deus permita que volte depressa."

BUFO
Deus permita que volte depressa.

BELA
Assim, ele partirá mais descansado.

LORDE *dá alguns passos lentos e olha para as costas de* ZIGA, *que ainda não se virou. Parece que vai dizer algo, mas hesita e acaba por desistir. Sai lentamente, olhando cada um dos que ficam fixamente, como se pretendesse guardar-lhes uma última imagem, até desaparecer por completo. Desamparada e abatida,* BELA *se aproxima de* BUFO *e repousa a cabeça contra o seu peito.*
O silêncio é cortado pela música que ROTO *tira de sua gaita.*
ZIGA *vai virando-se lentamente na direção de* BUFO. *Seu olhar poderoso se fixa em* BELA *que, aos poucos, afasta-se de* BUFO *em direção a* ROTO *que, mais gratificado, continua a tocar.*
BUFO, *por sua vez, aproxima-se de* ZIGA, *atraído pelo seu olhar magnético. Juntos, abraçam-se fortemente, sob o som da gaita de* ROTO, *agora acompanhado por* BELA.

BUFO
Eu a quero, Ziga, com o fogo ardente dos que nunca amaram.

ZIGA
Venha, vou mostrar-lhe as estrelas e ensinar-lhe como governam os nossos destinos.

BUFO *e* ZIGA *passeiam de mãos dadas pelo fundo do palco, olhando para o céu, para onde* ZIGA *aponta, como se ensinasse os mistérios da astrologia. Enquanto isso, na frente,* BELA *vai aproximando lentamente o seu rosto do de* ROTO, *como que atraída pela magia de sua música e pela força do seu olhar, até beijá-lo prolongadamente. Ao fundo,* ZIGA, *com ambas as mãos em volta do pescoço de* BUFO, *fala com dificuldade.*

ZIGA
Quero você, mas não posso multiplicar a sua gente. Meu ventre é seco e duro como uma pedra. Por isso fui amaldiçoada pela minha raça. Não sirvo para nada. De mim não nasce vida, só anuncio ódio e destruição. Tenho que vagar pelas estradas até o fim dos tempos.

BUFO
Ainda assim, eu a quero.

E os dois se abraçam afetuosamente. À frente, BELA *e* ROTO *afastam os lábios, sem desfazer a intensa ligação do olhar.*

BELA
Não sei se pode me entender. Mas eu o quero.

ROTO
Se eu não fosse mudo, diria que a quero mais do que o som da minha gaita, mais do que a minha vontade de falar... mas você não pode me ouvir... não se ouvem sentimentos...

ROTO segura com firmeza as duas mãos de BELA.

ROTO
Se você pudesse me ouvir, eu lhe contaria uma história dos nossos antepassados, que seu pai repetia sempre. Olhe para os meus olhos, Bela, e tente compreender o que eu digo sem falar: se um homem atravessasse o paraíso em um sonho e lhe dessem uma flor como prova de que havia estado ali, e se ao despertar encontrasse essa flor em sua mão... então, o que havia acontecido? Bela, é o que está acontecendo agora. Mas eu sou

mudo e você não pode me ouvir... Bela querida, eu a quero, mas sou mudo, sou feio, monstruoso...

ROTO *retira lentamente a sua horrenda máscara, revelando um belo e saudável rosto.*

ROTO
Entenda a língua dos mudos, minha Bela. Esse é o meu verdadeiro rosto, mas tenho vergonha de mostrá-lo.

BELA *se levanta e beija-o. Lentamente, começa a se despir diante de ROTO. Ao fundo, ZIGA vai se afastando de BUFO.*

ZIGA
Tenho que ir. Quis você, mas foi só por um instante. Sou incapaz de amar. Você é um sonho e eu anuncio o fim do sonho.

BUFO
Por favor, eu a amo.

ZIGA se afasta lentamente até desaparecer. BUFO a persegue desesperado, desaparecendo também. À frente, BELA, já nua, entrega-se a ROTO com volúpia e prazer. Enquanto seus corpos rolam pelo chão, vê-se, ao fundo, ZIGA e seu cavalo branco e alado, a ziguezaguear desesperadamente de um lado para o outro. Os ruídos do animal se fundem com os ruídos do casal em gozo.
BUFO ressurge, perseguindo ZIGA e o cavalo, até que todos desaparecem. Com calma e em silêncio, BELA se veste sob olhar fervoroso e apaixonado de ROTO. O indefinível tempo só se deixa ver pelos efeitos de sua ação, quando esculpe a pedra dura da montanha, quando faz surgir do galho seco as folhas, as flores e frutos, quando faz nascer, crescer, envelhecer e morrer. O tempo passa implacavelmente, deixando marcas nas pedras, na vida, no rosto. E, quando BELA se ergue, já vestida, revela a sua adiantada gravidez. Ao fundo, ZIGA e seu cavalo ensandecido passam num galope furioso, empinando e rodopiando. Diante de BELA,

a acariciar-lhe o ventre, está ROTO, sem máscara e com olhar bestificado. Nesse momento, surge BUFO, vindo do mesmo lugar de onde surgira no começo desse delírio. Tanto tempo passou desde então, que a trupe retorna, provavelmente sem o saber, à mesma encruzilhada. É o fim de mais um dia. Em passos lentos, BUFO passa pelo casal, pára, acaricia o ventre de BELA.

BUFO
E como vai ele?

BELA
Crescendo. Já dá chutes e cambalhotas.

BUFO
Bom sinal!

BUFO avança até mais adiante. ROTO se ergue e põe o saco nas costas. O casal anda alguns passos, revelando o cansaço de quem participou da longa caminhada. Mais à frente, BUFO agora se depara com a encruzilhada. Pára, olhando assustado para os caminhos à sua frente. Olha para um lado. Olha para o outro. Está visivelmente indeciso diante da surpresa que o atormenta. Vira-se para trás.

BUFO
E agora?

BELA e ROTO o olham em silêncio, sem entender a razão da interrupção e sem ter o que responder. Sem resposta para a sua pergunta, BUFO tenta esclarecer o que se passa, como pedindo auxílio.

BUFO
O caminho se bifurca.

BELA
Não entendi.

BUFO
Chegamos a uma encruzilhada. Por onde seguir?

A questão tem mais significado do que aparenta. Todos se assustam como se nunca tivessem sido colocados diante de tal situação. Um crescente mal-estar vai tomando conta de BUFO. *Nos outros, são a decepção e o cansaço que assomam.* ROTO *põe o saco no chão e senta-se sobre ele, como se antevisse uma longa discussão. A pergunta fica no ar, sem resposta.* BUFO *tenta, olhando ao longe, descobrir para onde levam um e outro caminho. Seu esforço parece inútil. Volta-se humildemente.*

BUFO
E então, Roto? Qual dos dois caminhos seguimos?

Nesse momento, LORDE *está retornando, pelo mesmo caminho em que partira.* LORDE *vem completamente transfigurado. Em lugar do Arlequim com roupa justa e esgarçada em losangos de cores desmaiadas, veste um sofisticado* smoking, *sapatos brilhantes, cabelos bem penteados e rosto bem barbeado. Vem surgindo sorridente, mas ao ouvir a pergunta de* BUFO, *pára, preocupado, abrindo os braços como tentando impedir a passagem do irmão pelo caminho em que vem.*

LORDE
Não será por aqui, Bufo!

Todos encaram LORDE, *assustados. Num primeiro momento,* BUFO *não o reconhece.*

BUFO
Quem vem lá, visão esquisita!

LORDE
Sou eu, Bufo. Seu irmão Lorde.

Ao finalmente reconhecer o irmão, BELA *pronuncia o seu nome entre alegre e decepcionada.*

BELA
Lorde! É você?

BUFO *o olha prolongadamente sem esconder a sua profunda decepção.*

BUFO
Lorde!

Há um tempo de silêncio constrangedor. Todos, petrificados, encaram LORDE. ROTO *pega a sua gaita e toca, suave e lentamente, a canção do início desse delírio.* BUFO, *quanto mais olha para* LORDE, *mais pasmo fica.*

BUFO
Deus do céu!

Sorrindo, LORDE *descobre a gravidez de* BELA.

LORDE
Bela! Que Deus proteja esta santa barriga! Não imagina quanto fico contente em vê-la grávida! Enfim, a caravana vai crescer!

BELA
Que falta você faz, Lorde! Está feliz?

LORDE
Sim, estou. Trouxe-lhe a camisa do pai.

BELA
Ótimo! Servirá para enrolar o bebê.

LORDE *tenta se aproximar para entregar a camisa, mas à distância* BUFO *o intercepta.*

BUFO
Não se aproxime, Lorde! Desculpe-me, mano, mas mantenha essa distância.

LORDE
Eu entendo.

LORDE estende a camisa no mesmo esquálido arbusto, onde tempos atrás estivera.

LORDE
E então, ainda se consegue um bom pão e um bom vinho por essas feiras?

BELA
As feiras diminuem, Lorde. As cidades crescem e, parece, nós não agradamos mais.

BUFO
Bela!

BELA cala-se. Faz-se silêncio.

BUFO
Por que veio, Lorde? Pensa em seguir conosco?

LORDE
Não, Bufo. Vim apenas para... para dizer que sobre mim não caiu a maldição que pune os que se rendem...

BUFO
Fico feliz.

LORDE
E que as nossas tradições já não estão de acordo com os tempos...

BUFO
Já não é mais um dos nossos, Lorde. Deixe as nossas tradições em paz...

LORDE
Está certo, Bufo. Mas peço-lhe: não venha por este caminho. A cidade tem muitos atrativos e muitas tentações... E, infelizmente, somos fracos... Inventaram por lá uma sedução diabólica e irresistível chamada glória.

BUFO
E o que é a glória?

BELA
Uma mulher, Bufo! Fico feliz, Lorde!

LORDE
Não, não é mulher! É difícil explicar, mas a sensação é a mesma de fazer amor o dia todo, fazer amor a vida toda...

BUFO
E artista, Lorde, ainda há por lá?

LORDE
Claro. Há glorificados, como eu, e os que lutam pela glória. Talvez existam outros, mas desconheço.

BUFO
E por que não devemos seguir o seu caminho?

LORDE
Porque é preciso preservar artistas como vocês. Vocês são a esperança de ressurreição da arte, depois do apocalipse. Não devem se contaminar. Vocês e a arte são uma única coisa, pura, simples, bruta, indestrutível. Lá, a glória fez os artistas maiores que a arte. E depois do apocalipse, os que se salvarem só saberão ensinar a glória, não a arte.

BUFO
Não entendo o que diz.

LORDE
Sei que não entende.

BUFO
Mas entendo bem uma história que o pai contava. Um homem adormeceu e sonhou que tinha tanta sede que sua alma, em forma de lagarto, deixou o corpo e meteu-se em uma vasilha para beber; o dono da vasilha, porém, tapou-a e o homem, impedido de recuperar sua alma, morreu. Não é a mesma história, Lorde?

LORDE
Agora sou eu que já não entendo. Mas não importa. Só lhe peço pelo amor que tem ao pai, vá por aquele caminho.

Silêncio. LORDE começa a sair, de costas.

LORDE
Você promete, Bufo?

Silêncio. LORDE continua recuando.

LORDE
Adeus...

BELA
Adeus, Lorde. Seja feliz...

LORDE
Toque, Roto! Toque para aliviar essa dor.

ROTO toca uma música muito triste. LORDE vai desaparecendo. BUFO começa a andar em direção ao outro caminho. BELA e ROTO o acompanham. Na passagem, BELA recolhe a camisa do pai. Ao som da música de ROTO, a caravana da ilusão vai desaparecendo lentamente, quando irrompe ZIGA, cavalgando o branco e alado cavalo, que rodopia de um lado para o outro, relincha e empina até alcançar o caminho de LORDE e desaparecer.

RIO, 01/11/81

*O texto deste livro foi composto em Sabon,
desenho tipográfico de Jan Tschichold de 1964
baseado nos estudos de Claude Garamond e
Jacques Sabon no século XVI, em corpo 11/13.5.
Para títulos e destaques, foi utilizada a tipografia
Frutiger, desenhada por Adrian Frutiger em 1975.*

*A impressão se deu sobre papel offset 90 g/m²
pelo Sistema Cameron da Divisão Gráfica
da Distribuidora Record.*